ANALISI DEL LIBRO

AF137659

La Bella e la Bestia

· · · · · · · · · · · · · · ·

MADAME LEPRINCE DE BEAUMONT

ANALISI DEL LIBRO

Scritto da Margot Pépin
Tradotto da Sara Rossi

La Bella e la Bestia

MADAME LEPRINCE DE BEAUMONT

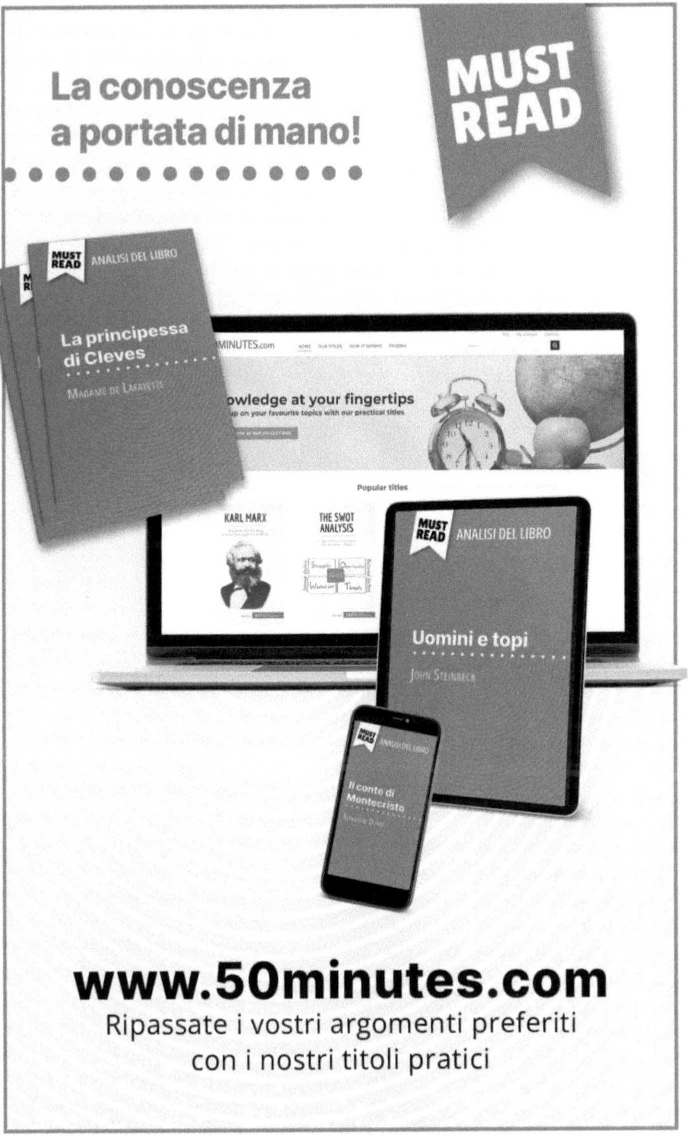
La conoscenza
a portata di mano!
MUST READ
MUST READ
ANALISI DEL LIBRO
La principessa di Cleves
Madame de Lafayette
Knowledge at your fingertips
Popular titles
KARL MARX
THE SWOT ANALYSIS
MUST READ
ANALISI DEL LIBRO
Uomini e topi
John Steinbeck
MUST READ
ANALISI DEL LIBRO
Il conte di Montecristo
www.50minutes.com
Ripassate i vostri argomenti preferiti
con i nostri titoli pratici

JEANNE-MARIE LEPRINCE DE BEAUMONT

INSEGNANTE DI FRANCESE, GIORNALISTA E SCRITTORE

- **Nata a Rouen (Francia nord-occidentale) nel 1711.**
- **Morta a Chavanod (Savoia, attuale Francia) nel 1780.**
- **Opere degne di nota:**
  - *Le Nouveau Magasin des enfants* ("Il nuovo negozio dei bambini", 1750), raccolta di racconti
  - *Le Magasin des enfants* ("Il *negozio dei* bambini", 1756), raccolta di racconti
  - *Contes moraux* ("*Racconti* morali", 1774), raccolta di racconti brevi

Jeanne-Marie Leprince de Beaumont studiò per diventare insegnante e inizialmente lavorò in Francia prima di trasferirsi in Inghilterra, dove lavorò come governante per i figli delle famiglie aristocratiche.

Insegnava il francese ai suoi alunni leggendo loro delle favole, che li intrattenevano durante l'apprendimento.

Nel 1750 pubblica la sua prima raccolta di racconti, *Le Nouveau Magasin des enfants* ("Il nuovo *negozio di* bambini"). Sei anni dopo pubblicò una seconda raccolta, *Le Magasin des enfants* ("Il *negozio dei* bambini"), che ebbe un grande successo. A queste due opere ne seguirono numerose altre, spesso a carattere educativo.

LA BELLA E LA BESTIA

UNA FAVOLA SENZA TEMPO

- **Genere:** fiaba
- **Edizione di riferimento:** Leprince de Beaumont, J-M. (2014) *La Bella e la Bestia*. [Online]. Urbana: Project Gutenberg. [Accessed 15 May 2018]. Disponibile da: <http://www.gutenberg.org/files/7074/7074-h/7074-h.htm>
- **1° edizione:** 1757
- **Temi:** amore, differenza, trasformazione, bruttezza, apparenza

Sebbene *La Bella e la Bestia* sia inclusa nella raccolta di racconti Leprince de Beaumont *Le Magasin des enfants*, la storia non è stata inventata da lei stessa. Una versione precedente era già stata pubblicata nel 1740 dalla scrittrice francese Gabrielle-Suzanne Barbot de Villeneuve (1685-1755) e la storia di *Amore e Psiche*, che risale all'antichità ed è apparsa in una raccolta di leggende dello scrittore latino Apuleio (125-170 circa), presenta molte analogie con il racconto successivo. La storia di Apuleio narra di una giovane e bella donna di nome Psiche che ha due sorelle maggiori gelose e traditrici ed è condannata da Venere a sposare un mostro orrendo. Tuttavia, questo destino le viene risparmiato da Cupido, il dio dell'amore, che si innamora di lei e la sposa.

Il racconto di Leprince de Beaumont si differenzia da queste due versioni precedenti per il chiaro scopo educativo. Ogni racconto de *Le Magasin des enfants* è seguito da un dialogo tra la governante e i suoi figli, che possono così trarre una lezione morale dalla storia. La lezione de *La bella e la bestia,* che racconta l'incontro di una giovane donna con una creatura orribile, è che non dobbiamo giudicare in base alle apparenze e che l'amore ha il potere di trasformare le persone.

SINTESI

La Bella e la Bestia racconta la storia di un ricco mercante che ha tre figli e tre figlie, la più giovane delle quali è particolarmente attraente. È sempre stata chiamata "la piccola Bellezza" e, oltre a essere la più bella della famiglia, è "anche migliore delle sue sorelle", perché passa il suo tempo libero a leggere, mentre le sue due sorelle sono eccezionalmente orgogliose e si mescolano solo con duchi e conti.

Un giorno, il mercante perde improvvisamente tutta la sua fortuna, costringendo la famiglia a trasferirsi in campagna. Le sorelle maggiori sono sconvolte, perché la loro nuova povertà fa sì che nessun uomo voglia sposarle. Al contrario, la Bella è povera come loro, ma attira numerosi pretendenti che chiedono la sua mano. Tuttavia, lei li rifiuta perché non vuole lasciare il padre, che lavora duramente per mantenere la famiglia. Ogni giorno pulisce la casa e prepara i pasti mentre il padre e i fratelli lavorano nei campi. Nel frattempo, le sorelle passano il tempo a non fare nulla e a lamentarsi della loro nuova vita.

Un anno dopo, il mercante viene a sapere che una nave carica di merci è appena arrivata in porto e intende recarsi lì per prendere delle provviste. Le due figlie maggiori gli chiedono di portare loro abiti e cosmetici, mentre la Bella non chiede altro che una rosa. Purtroppo, la merce viene sequestrata per pagare i suoi debiti, lasciandolo "povero come prima".

Sulla via del ritorno, si perde in una foresta. Cala la notte, lasciandolo infreddolito, affamato e sull'orlo della disperazione. Si salva quando vede una luce provenire da un grande palazzo. Entra e trova un fuoco ruggente e una tavola imbandita di cibo, ma nessuna persona. Non riuscendo a trovare il proprietario del palazzo, finisce per mangiare il cibo e, dopo aver camminato in giro senza trovare nessuno, va a dormire lì.

Il mattino dopo, al risveglio, trova ad attenderlo abiti puliti e cibo. Mentre si avvia verso casa, vede delle rose e ne coglie alcune per regalarle alla Bella. In quel momento, appare un mostro orrendo che lo rimprovera per la sua ingratitudine: il mercante è stato accolto nel castello della Bestia e gli ha dato cibo e un posto per dormire, ma poi ha ripagato questa gentilezza rubandogli le rose. La Bestia dice che deve pagare con la vita.

Il mercante implora la Bestia di risparmiarlo e cerca di spiegare che ha raccolto le rose per sua figlia, il che ispira la Bestia a fargli un'offerta: potrà tornare a casa se porterà una delle sue figlie a palazzo per farla uccidere al suo posto. Se queste "rifiutano di morire al suo posto", dovrà tornare tra tre mesi per affrontare la sua punizione.

Il vecchio non ha intenzione di sacrificare le sue figlie, così torna a casa per salutarle e racconta loro in lacrime ciò che è accaduto. La Bella si offre subito di sacrificarsi, perché preferisce essere mangiata dal mostro piuttosto che perdere il padre e morire lentamente per il dolore. È così insistente che il mercante alla fine accetta di lasciarla prendere il suo posto.

Quando arrivano al palazzo della Bestia, la Bella e suo padre vengono trattati con un pasto delizioso prima di andare a letto. Una donna appare in sogno alla Bella, si congratula con lei per aver salvato il padre e le dice che sarà ricompensata. Il giorno seguente, il mercante lascia il palazzo con il cuore pesante e la Bella decide di sfruttare il poco tempo che le resta per esplorare i dintorni.

Con grande sorpresa, si imbatte in una porta con la scritta "Appartamento della Bella". La apre e scopre una vasta biblioteca con un clavicembalo, il suo strumento preferito. Quando apre uno dei libri, vede il messaggio:

> *"Benvenuto, Bellezza, scaccia la paura,*
>
> *Qui siete regina e padrona;*
>
> *Esprimete i vostri desideri, esprimete la vostra volontà,*
>
> *L'obbedienza rapida li incontra ancora".*

Subito pensa al padre e improvvisamente vede la sua casa e la sua famiglia in un grande specchio. Mentre il mercante appare abbattuto, le due sorelle riescono a malapena a nascondere la loro gioia per essersi liberate di lei. A mezzogiorno sente la musica di un'orchestra invisibile.

Quando quella sera sta mangiando, il mostro appare e le dice che ora è la padrona del palazzo, prima di chiederle: "Dimmi, non mi trovi molto brutto?". La Bella non può mentire e ammette che è brutto, ma per consolarsi gli dice che è "molto bonario". Si sente rassicurata dalla gentilezza della Bestia e mangia di gusto. Ha quasi smesso di avere paura, ma quando lui le chiede di sposarlo, rifiuta e non può fare a meno di tremare.

Passano tre mesi. Ogni sera, la Bestia viene a trovare la Bella mentre sta mangiando e le chiede di sposarlo di nuovo. Sebbene le dispiaccia ferirlo, dice sempre di no. A poco a poco si abitua alla sua bruttezza e comincia a provare una sincera amicizia nei suoi confronti.

Un giorno, la Bestia chiede alla Bella di promettere che non lo lascerà mai ma, avendo appena visto nello specchio incantato che suo padre è gravemente malato, gli confessa che morirà di dolore se non lo rivedrà. Lui accetta di lasciarla partire e le dice che basta che lei metta il suo anello magico sul comodino prima di addormentarsi e si sveglierà dove vuole. Le promette che si sveglierà a casa il mattino seguente e la Bella, riconoscente, gli assicura che tornerà otto giorni dopo.

Il giorno seguente, la Bella si sveglia a casa. Suo padre è entusiasta di vederla, ma le sue sorelle sono gelose quando vedono che sembra felice ed è vestita come una principessa. Decidono di fare in modo che rimanga a casa per più di otto giorni, nella speranza che la Bestia si infuri per aver infranto la promessa e la divori. Fingono di essere sconvolte dal fatto che la sorella se ne vada così presto e la pregano di restare più a lungo. La Bella è commossa e accetta. La decima notte fa un sogno in cui la Bestia sta morendo nel giardino del suo palazzo. Si pente di averlo abbandonato e, rendendosi conto che la sua bruttezza impallidisce di fronte alla sua bontà e gentilezza, decide di sposarlo.

Ripone quindi l'anello sul comodino e il giorno dopo si sveglia nel palazzo della Bestia. Dopo averlo cercato invano, si ricorda del suo sogno e si precipita in giardino, dove lo trova "disteso, del tutto insensato". All'inizio pensa che sia morto e sprofonda nella disperazione, ma alla fine riesce a rianimarlo. La Bestia le dice che la sua assenza lo ha talmente addolorato che ha deciso di lasciarsi morire di fame. La Bella gli dice allora che vuole sposarlo e il castello si illumina immediatamente e un bel principe appare ai suoi piedi. Ha appena spezzato la maledizione che una "fata cattiva" aveva lanciato sul giovane, condannandolo ad assumere le sembianze di un mostro finché "una bella vergine" non avesse accettato di sposarlo.

Insieme tornano a palazzo, dove l'intera famiglia di Belle li sta aspettando. La donna che le era apparsa in sogno durante la prima notte al castello, che si rivela essere una fata buona, le dice che sarà ricompensata per il sacrificio fatto per suo padre diventando "una grande regina".

La fata lancia poi un incantesimo sulle sorelle della Bella che le trasforma in statue. Tuttavia, esse sono ancora consapevoli di tutto ciò che accade intorno a loro e sono costrette a stare davanti al cancello del palazzo e a "vedere la felicità della Bella". La fata dice loro che l'incantesimo si spezzerà se "ammetteranno le loro colpe" e ripareranno le loro "menti maligne e invidiose".

Dopo queste parole, tutti i presenti vengono trasportati nel regno del principe, dove la Bella e la Bestia si sposano. Ci viene detto che hanno vissuto insieme per molti anni e che "la loro felicità, essendo fondata sulla virtù, era completa".

STUDIO DEL CARATTERE

BELLEZZA

La Bella è una giovane donna eccezionalmente attraente che deve il suo soprannome all'aspetto, ma è anche intelligente e colta (i suoi passatempi preferiti sono leggere e suonare il clavicembalo). È l'incarnazione della virtù, poiché è gentile, simpatica, servizievole e umile. La sua onestà è pari solo alla sua devozione e generosità.

È eccezionalmente gentile e compassionevole: quando il padre perde la sua fortuna, non si lamenta ed è più che felice di seguirlo in campagna. Lavora sodo e si sobbarca con coraggio il peso dei lavori domestici per aiutare la famiglia. Accetta di sacrificarsi per il padre senza esitare e lo consola persino quando è sconvolto dal destino che l'attende, facendosi coraggio per non infliggergli ulteriori sofferenze.

È gentile e tollerante con le sorelle, anche se queste la criticano e la deridono continuamente. Non desidera altro che la felicità per loro: chiede al padre di trovare loro un marito e vuole regalare loro gli abiti che ha portato dal palazzo della Bestia.

Infine, anche se la Bestia è fisicamente ripugnante e la spaventa, è compassionevole e comprensiva nei suoi confronti e si affeziona sempre più a lui man mano che lo conosce. Quando si rende conto della sua innata bontà, accetta di sposarlo.

Questa è un'ulteriore prova della sua virtù, perché non giudica le persone in base alle apparenze, ma cerca la loro vera bellezza interiore. Questo significa che è destinata a diventare una grande regina.

LA BESTIA

La Bestia è in realtà un principe che è stato maledetto da una "fata cattiva"; ciò significa che ha assunto le sembianze di un mostro fino a quando non riuscirà a trovare una "bella vergine" da sposare. Questo compito è doppiamente difficile: non solo il suo aspetto è ripugnante, ma gli è vietato mostrare di essere in grado di sostenere una conversazione intelligente.

Nonostante l'ingiustizia del suo destino, che lo ha reso brutto e terrificante, è ancora gentile e generoso: quando la Bella si trasferisce a palazzo, fa di tutto per renderla felice. Quando lei gli dice che vuole partire per andare a trovare il padre, lui la lascia andare, anche se sa che questo potrebbe portare alla sua stessa morte. La ama così tanto che è pronto a sacrificarsi.

Alla fine della storia, la sua pazienza e la sua abnegazione vengono premiate: la maledizione su di lui viene annullata ed egli torna ad essere il bel principe di un tempo, viene restituito al suo regno e trova una felicità duratura nel matrimonio con la Bella.

LE SORELLE DELLA BELLEZZA

Le due sorelle maggiori di Beauty sono entrambe molto belle, ma non quanto lei, il che suscita in loro un grande risentimento.

Sono orgogliosi, avidi e superficiali e si preoccupano solo del loro aspetto e della loro posizione sociale, al punto da rifiutare di frequentare chiunque non provenga da un ambiente aristocratico. Inizialmente rifiutano di trasferirsi in campagna quando il padre perde la sua fortuna, ma quando l'intera famiglia è costretta a trasferirsi, lasciano che la sorella minore si occupi da sola di tutti i lavori domestici.

Sono così egocentrici e privi di empatia che non hanno pietà del padre quando perde la sua fortuna o quando torna dal castello della Bestia con una condanna a morte che pende su di lui. Sono gelosi della sorella, la criticano e la deridono continuamente, sono felici quando va a vivere con la Bestia e si eccitano alla prospettiva che venga mangiata da lei.

La loro malvagità viene punita dalla fata, che li trasforma in statue e dice loro che "la conversione di una mente maligna e invidiosa" è l'unico modo per sfuggire a questo destino. Tuttavia, la fata dubita del loro potenziale di cambiamento, dicendo loro: "Ho molta paura che rimarrete sempre delle statue".

IL PADRE DI BEAUTY

È un uomo buono e affettuoso, disposto a fare qualsiasi cosa per i suoi sei figli: ha dato loro una buona istruzione e lavora duramente per mantenerli.

All'inizio della storia è un ricco mercante, ma dopo aver perso la sua fortuna si dedica ai lavori agricoli per guadagnarsi da vivere.

È umile e tollerante e ammira la virtù della figlia minore, pur accettando i difetti delle figlie maggiori. Quando la Bella si offre di sacrificarsi per lui, fa di tutto per dissuaderla, ma i suoi sforzi sono vani. La sua partenza lo lascia avvilito e disperato, e sente la mancanza della figlia a tal punto da ammalarsi. È anziano e debole, per questo la Bella fa di tutto per risparmiarlo.

Ha anche tre figli, ma sono praticamente assenti dalla storia.

ANALISI

FIABE

Le fiabe sono nate nella tradizione orale e raccontano storie immaginarie con personaggi di fantasia. Gli eroi di queste storie intraprendono missioni e devono superare una serie di ostacoli prima di trovare la felicità. La maggior parte delle fiabe ha una morale, spesso esplicitata alla fine della narrazione.

La ricerca della Bella è di trovare l'amore e la felicità, mentre quella della Bestia è di trovare una donna disposta a sposarlo e che lo ami nonostante il suo aspetto. Alla fine della storia, la Bestia porta a termine questa missione, che gli è stata imposta da una fata cattiva.

Struttura narrativa

La Bella e la Bestia segue la struttura della fiaba classica.

Situazione iniziale: è l'inizio della storia, il momento in cui si crea la scena e si introducono i personaggi; la situazione è equilibrata, cioè non c'è motivo di cambiarla.

- Un ricco mercante conduce una vita tranquilla con i suoi tre figli e le sue tre figlie.

Elemento di disturbo: è un evento che si verifica, cambiando la situazione iniziale e innescando la storia vera e propria.

- Il mercante perde la sua fortuna ed è costretto a trasferirsi in campagna con i suoi figli.

Sviluppi: sono gli eventi causati dall'elemento di disturbo che portano l'eroe ad agire per risolvere il problema.

- Il mercante incontra la Bestia, che gli dice che lo lascerà vivere se gli offrirà una delle sue figlie. La Bella si trasferisce nel palazzo della Bestia, dove i due si avvicinano gradualmente e diventano amici. In seguito, la Bella si preoccupa per il padre e decide di tornare a casa, gettando la Bestia nella disperazione. La gelosia delle sorelle le impedisce di tornare a palazzo al momento previsto e la Bestia quasi muore di dolore. La Bella si pente di averlo lasciato e torna a palazzo.

Esito: pone fine agli sviluppi e porta alla conclusione.

- La Bella dice alla Bestia che lo sposerà e lui si trasforma in un principe.

Conclusione: questa è la fine della storia. La situazione è di nuovo stabile, come quella iniziale, ma ha subito alcuni cambiamenti.

- La Bella e la Bestia si sposano e vivono felici e contenti, mentre le sue sorelle vengono punite con la trasformazione in statue.

UN MONDO MAGICO

Come in tutte le fiabe, anche ne *La Bella e la Bestia* la magia gioca un ruolo fondamentale:

- **La storia presenta personaggi fantastici. La** figura della fata cattiva, che ha lanciato una maledizione sul principe, è tipica del genere, così come la fata buona, che si presenta alla Bella in sogno e poi la premia per la sua virtù, punisce le due sorelle e trasporta tutti nel regno del principe dando "un colpo di bacchetta".

- **Il film presenta oggetti magici,** come l'anello che la Bestia dona alla Bella, che la trasporta dal palazzo alla casa paterna, e lo specchio che le permette di vedere la sua famiglia mentre si trova nel palazzo della Bestia.

- **Rappresenta le trasformazioni,** in particolare quella della Bestia in principe e quella delle sorelle della Bella in statue alla fine della storia.

UNA VISIONE SEMPLICISTICA DEL MONDO

Anche *La bella e la bestia* è tipico del genere fiabesco in quanto ritrae il mondo in bianco e nero e i suoi personaggi possono essere facilmente suddivisi nelle categorie del bene e del male.

La Bella, suo padre e la Bestia sono tutti buoni, mentre le sue sorelle sono del tutto cattive. Anche la "fata cattiva", che non compare personalmente nella storia, può essere classificata come cattiva a causa della maledizione che ha lanciato in precedenza alla Bestia.

I personaggi malvagi ostacolano i personaggi buoni nel tentativo di portare a termine le loro missioni. Ad esempio, le sorelle di Bellezza si rifiutano di accettare la nuova vita del padre, non aiutano nella fattoria o in casa, criticano Bellezza, che è costretta a "lavorare come una serva", e fanno pressione sul padre affinché spenda le sue magre entrate in "nuovi abiti, berretti, anelli e ogni sorta di inezie".

Quindi manipolano la sorella minore affinché rompa la promessa fatta alla Bestia, nella speranza che la uccida per punizione: "Cerchiamo di trattenerla più di una settimana, e forse lo sciocco mostro sarà così infuriato con lei per aver infranto la sua parola, che la divorerà".

Al contrario, la bontà innata dei personaggi virtuosi si dimostra incorruttibile:

- Anche se le sue sorelle sono crudeli e manipolatrici, Beauty le tratta con gentilezza;
- il cuore della Bestia rimane puro nonostante la sua trasformazione e le disgrazie che subisce.

Al contrario, le sorelle della Bella sono così profondamente malvagie da non poter cambiare. Infatti, la fata che le trasforma in statue esprime dubbi sulla loro capacità di ottenere la redenzione: "la conversione di una mente malvagia e invidiosa è una specie di miracolo".

Sebbene la Bestia sia un buon personaggio nel complesso, è più ricco di sfumature rispetto agli altri personaggi della storia. Ciò è particolarmente evidente all'inizio del racconto, quando reagisce violentemente e va su tutte le furie dopo aver sorpreso il mercante a raccogliere i suoi fiori. Infatti, lo condanna a morte per aver preso qualche rosa, anche se gli ha appena offerto generosamente cibo e un posto dove dormire.

La Bestia sembra certamente crudele quando la incontriamo per la prima volta, poiché chiede al mercante di sacrificare sua figlia, ma in realtà non ha alcuna intenzione di uccidere la ragazza; vuole solo spezzare la maledizione che gli è stata lanciata. Tuttavia, il suo inspiegabile scoppio d'ira attenua la sua bontà essenziale e suggerisce che c'è un altro lato oscuro della sua personalità.

LA VIRTÙ VIENE PREMIATA

La morale principale del racconto è che non dobbiamo giudicare in base alle apparenze, ma ci insegna anche che le azioni virtuose saranno premiate. Ciò è illustrato dai destini contrastanti della Bella e delle sue sorelle: le sorelle, che incarnano il vizio, vengono punite, mentre la Bella, che è virtuosa, viene premiata con la felicità.

La caduta delle sorelle

Le sorelle della bellezza hanno molti difetti:

- **Sono gelose ed egoiste.** Nelle prime righe del racconto ci viene detto che l'eccezionale bellezza dell'eroina "rendeva le sue sorelle molto gelose". Più tardi, quando la Bella torna dal palazzo della Bestia e sentono quanto è felice, invece di essere contente che sia viva e che si siano riunite a lei, le due sorelle sono "nauseate dall'invidia" e si chiedono: "In che cosa questa piccola creatura è migliore di noi, per essere così felice?".

- **Sono vanitosi, superficiali e avidi.** Hanno "un grande orgoglio, perché [sono] ricchi", "[si danno] delle arie ridicole" e si rifiutano di "visitare le figlie di altri mercanti, né di frequentare altre persone che non siano di qualità [cioè nobili o altri individui ricchi]". Spendono una fortuna in vestiti e cosmetici, si dilettano in attività frivole e prendono in giro la Bella perché passa "la maggior parte del suo tempo a leggere buoni libri".

- **Sono pigre.** Mentre il padre e i fratelli lavorano nei campi e Beauty si occupa della cucina e delle pulizie, le due sorelle "si alzano alle dieci e non fanno altro che andare in giro tutto il giorno, lamentando la perdita dei loro bei vestiti e delle loro conoscenze".

- **Sono maligne.** Sono piene di "cattiveria" e non perdono occasione per criticare la sorella, "insultandola in ogni momento". Sono felici quando pensano che la Bella stia per morire ("la loro gioia, provata per essersi liberate della sorella, era visibile in ogni tratto"), e arrivano persino a ordire un piano per farla divorare dalla Bestia.

Questi difetti li condannano a una perenne infelicità. Quando il padre perde la sua fortuna, il fatto di non essere "amati a causa della loro superbia" significa che nessuno ha pietà di loro e sono lasciati soli: "i loro amanti li hanno disprezzati e abbandonati nella loro povertà".

Quando la Bella torna dal palazzo della Bestia, li trova entrambi profondamente infelici perché hanno fatto matrimoni sbagliati: una ha sposato un uomo bello, "ma così affezionato alla sua persona, che non è pieno d'altro che del suo caro io", mentre il marito dell'altra usa il suo ingegno "per tormentare e tormentare tutti, e soprattutto sua moglie".

Alla fine della storia, la fata punisce le sorelle per il loro comportamento dispettoso e maligno trasformandole in statue. Questo impedisce loro di causare ulteriori danni e le costringe ad assistere alla felicità della sorella.

La felicità della bellezza

Al contrario, la Bellezza è del tutto virtuosa:

- **È generosa e altruista. È** molto empatica, si preoccupa profondamente degli altri e della loro felicità e "parla con tanta gentilezza ai poveri". Si prende cura del resto della famiglia, soprattutto del padre, e non esita a sacrificare il proprio benessere per quello delle sorelle. Arriva persino a dare la vita alla Bestia per salvare il padre.

- **È umile e coraggiosa.** Quando apprende che il padre è in rovina, adotta una posizione filosofica, dicendo a se stessa: "Devo cercare di rendermi felice senza una fortuna". Il suo coraggio è dimostrato anche dalla decisione di andare al palazzo della Bestia, poi dalla calma e dalla saggezza con cui affronta il suo destino: anche quando pensa che la Bestia la divorerà quella notte stessa, "decide di non essere inquieta per il poco tempo che le resta da vivere".

- **È tollerante e indulgente.** Non serba rancore o risentimento, è pronta a perdonare le sorelle per il loro comportamento dispettoso e vuole regalare loro i bei vestiti che la Bestia ha regalato a lei. Riesce anche a guardare oltre l'aspetto ripugnante della Bestia per vedere la sua bellezza interiore.

Il viaggio della Bella è l'esatto opposto di quello delle sue sorelle, poiché alla fine viene premiata per le sue azioni virtuose e la sua innata bontà. Inoltre, a differenza di loro, la rovina del padre non ha alcun impatto sulla sua posizione sociale, poiché è ancora rispettata e amata e "diversi gentiluomini l'avrebbero sposata". Dopo che la famiglia si trasferisce in campagna, trova la sua realizzazione nel lavoro e nelle arti. In seguito, trova la felicità e poi l'amore con la Bestia, e alla fine del racconto si sposa, diventa regina e vive per sempre felice e contenta.

La sua felicità è resa possibile dalla sua virtù, come le dice la fata che le appare in sogno la notte in cui accetta di andare a vivere nel palazzo della Bestia: "questa tua buona azione di rinunciare alla tua vita per salvare quella di tuo padre non resterà senza ricompensa".

Il destino della bella fornisce una delle morali della storia: la virtù è sempre premiata, mentre il vizio porta all'infelicità.

LA BESTIA: UN MOSTRO E UN GENTILUOMO

Il personaggio della Bestia incarna una delle morali della storia: non dobbiamo giudicare in base alle apparenze. La sua facciata mostruosa nasconde un affascinante principe che è stato trasformato da una fata malvagia. Questa trasformazione gli ha conferito una doppia personalità, con un lato animalesco e uno umano.

Il suo lato mostruoso

La Bestia è descritta come un "mostro" e come "una bestia così spaventosa" che il padre della Bella è "pronto a svenire" quando lo vede. Quando la Bella lo incontra per la prima volta, "trema" ed è "terrorizzata dalla sua orribile forma". Parla con una "voce terribile" e sembra molto forte e imponente: il padre della Bella dice ai suoi figli che "il potere della

Bestia è così grande che non ho speranze che lo superiate". Il suo lato animalesco emerge anche quando sorprende il padre della Bella a raccogliere le sue rose, mentre lo minaccia violentemente e si prepara a ucciderlo: "morirai per questo; ti do solo un quarto d'ora per prepararti e dire le tue preghiere". Il padre della Bella sopravvive solo perché racconta alla Bestia delle sue figlie, che lo spingono a offrire all'uomo la sua vita in cambio di una di loro.

Il suo lato umano

In realtà, la creatura che il padre della Bella vede come un "brutto mostro" all'inizio del racconto è un principe dal cuore puro.

L'umanità della Bestia, che contrasta con il suo aspetto, può essere vista nel suo trattamento della Bella e le fa dire: "È un peccato che una cosa così buona sia così brutta". La discrepanza tra il suo aspetto e la sua vera natura lo ha lasciato isolato, ma si comporta comunque come un perfetto gentiluomo: parla in modo eloquente, è immancabilmente gentile (non solo con Bellezza, ma anche con il padre di lei prima di raccogliere le rose), è umile e rispettoso. Sebbene sia rimasto rattristato e deluso dal rifiuto di Beauty di sposarlo, accetta la sua decisione con calma e rispetto.

Quando la Bella gli racconta la sua angoscia per il fatto che il padre è solo e malato, lui mostra il suo lato empatico permettendole di tornare a trovarlo. Dimostra poi la forza e la purezza del suo amore quando lei non torna: è "così afflitto per averla persa, che [decide] di morire di fame".

Data la pazienza, l'umiltà e la bontà che dimostra in altre parti del racconto, la sua reazione violenta al comportamento "ingrato" del padre della Bella solleva degli interrogativi. Implica che ora che il principe è diventato una bestia ed è stato indebolito dalla solitudine e dall'infelicità del suo destino, ha lasciato che la sua natura animalesca avesse la meglio su di lui. Questo episodio, che conduce direttamente agli eventi del resto della storia, rende il suo personaggio imprevedibile e impossibile da inquadrare.

Natura umana

Più in generale, la questione del confine tra umanità e animalità viene utilizzata per esplorare la complessità, la multidimensionalità e la "disumanità" del genere umano. Belle dice: "Tra gli uomini [...] ce ne sono molti che meritano quel nome [mostro] più di te, e io ti preferisco, così come sei, a quelli che, sotto una forma umana, nascondono un cuore infido, corrotto e ingrato". Al di là della questione del contrasto tra le apparenze e la realtà interiore, il racconto mostra che un mostro giace latente in tutti noi. La natura ambivalente e quasi animalesca di questo mostro gentiluomo riflette quindi il lato oscuro della natura umana e rende *La bella e la bestia* una storia universale.

ULTERIORI RIFLESSIONI

ALCUNE DOMANDE SU CUI RIFLETTERE...

- Che morale o morali porta con sé il racconto? Giustificate la vostra risposta.

- La parola "fata" deriva dal latino *fatum*, che significa "destino". In che modo le due fate del racconto sono legate al destino?

- In che modo questo racconto presenta le caratteristiche della letteratura fantastica?

- In *The Uses of Enchantment: The Meaning and Importance of Fairy Tales* (1976), lo psichiatra americano di origine austriaca Bruno Bettelheim (1903-1990) sostiene che la Bella è parzialmente motivata da un conflitto interiore di tipo edipico. In che modo le relazioni della Bella con il padre e la Bestia potrebbero giustificare questa interpretazione?

- Confrontate la versione di Leprince de Beaumont con la versione animata Disney del 1991 e l'adattamento live action Disney del 2017.

- In che modo il racconto sostiene la virtù?

- In che modo Leprince de Beaumont descrive i pericoli del vizio?

- Confrontate *La Bella e la Bestia* con *Cenerentola*. Quali temi sono presenti in entrambe le fiabe?

- Esistono diverse versioni de *La Bella e la Bestia*. Quali sono le somiglianze e le differenze tra di esse?

- Perché esistono diverse versioni del racconto?

ULTERIORI LETTURE

EDIZIONE DI RIFERIMENTO

Leprince de Beaumont, J-M. (2014) *La Bella e la Bestia*. [Online]. Urbana: Project Gutenberg. [Accessed 15 May 2018]. Disponibile da:<http://www.gutenberg.org/files/7074/7074-h/7074-h.htm>

STUDI DI RIFERIMENTO

Apuleuis. (2008) *Cupido e Psiche*. Cambridge: Cambridge University Press.

Bettelheim, B. (2010) *Gli usi dell'incanto: Il significato e l'importanza delle fiabe*. New York: Vintage.

ADATTAMENTI

La bella e la bestia. (1946) [Film]. Jean Cocteau. Dir. Francia: DisCina.

La Bella e la Bestia. (1991) [Film]. Gary Trousdale e Kirk Wise. Dir. USA: Walt Disney Pictures.

La Bella e la Bestia. (2017) [Film]. Bill Condon. Dir. USA: Mandeville Films, Walt Disney Pictures.

Vogliamo sapere da voi!
Lasciate un commento sulla vostra biblioteca online
e condividete i vostri libri preferiti sui social media!

www.50minutes.com

Master ISBN: 9782808691048
ISBN cartaceo: 9782808612449
Deposito legale: D/2023/12603/1524

Copertura: © Primento

Concezione digitale a cura di Primento, il partner digitale degli editori.